허공을 나는 새의 발바닥에서

시산맥 시혼시인선 013
허공을 나는 새의 발바닥에서

초판 1쇄 발행 | 2021년 06월 01일

지 은 이 | 김정학
펴 낸 이 | 문정영
펴 낸 곳 | 시산맥사
편집위원 | 이송희 전철희 한용국
등록번호 | 제300-2013-12호
등록일자 | 2009년 4월 15일
주   소 | 03131 서울특별시 종로구 율곡로 6길 36,
             월드오피스텔 1102호
전   화 | 02-764-8722, 010-8894-8722
전자우편 | poemmtss@hanmail.net
시산맥카페 | http://cafe.daum.net/poemmtss

ISBN 979-11-6243-195-5 (03810)

값 10,000원

* 이 책은 전부 또는 일부 내용을 재사용하려면 반드시 저작권자와 시산맥사의 동의를 받아야 합니다.

* 이 시집은 교보문고와 연계하여 전자책으로도 발간되었습니다.

허공을 나는 새의 발바닥에서

김정학 시집

* 저자의 의도에 따라 작품의 보조 동사와 합성 명사는 띄어쓰기가 달라질 수 있습니다.

* 본문 페이지에서 한 연이 첫 번째 행에서 시작될 때에는 〈 표기를 합니다.

■ 시인의 말

새로울 것 없는 세월이 길었다.

그동안
조금은 철이 들었다.

말을 천천히 하는 버릇을 길렀다.

아뿔싸
말이 많아졌다.

2021년 늦봄, 김정학

■ 차 례

1부

새 _ 019

세한도 2 _ 020

환승역 사하라 _ 022

지천명 무렵 _ 024

레시피 _ 026

청이 _ 028

과뇨산 또는 통풍을 이해하는 몇 가지 방법 _ 030

그렇게 _ 032

일당 _ 034

쓸쓸한 짐 _ 036

소리 _ 037

혼자라는 것 _ 038

귀가 _ 040

구의역 _ 042

2부

설렁설렁 _ 047

낚이다 _ 048

멀었다 _ 050

아열대 _ 052

연탄 _ 053

옹이 _ 054

외피 _ 056

하루 _ 058

찔레 _ 059

立冬 _ 060

하산 _ 062

餘地 _ 064

3부

이슬에 젖어 _ 069

동백 _ 070

지우다 _ 072

첫사랑 _ 074

水蓮 _ 077

미늘 _ 078

寒露 _ 080

봄·밤 _ 082

허전하다 _ 084

아무르 _ 086

틈 _ 087

식탁 _ 088

항구 _ 090

4부

듣다 _ 095

팰림프세스트 _ 096

그럴 때 _ 098

한식 _ 100

골다공증 _ 102

쓸데없이 _ 104

生佛 _ 105

어두운 목련나무 아래서 _ 106

영월 _ 107

遺傳 _ 108

휴식 _ 110

오수 _ 111

동행 _ 112

■ 해설 | 이승하(시인·중앙대 교수) _ 115

1부

새

새들 무리 지어 가는 허공에서
누구는 길을 읽었다 하고 누구는 깃털을 보았다 하였으나

나는 새가 날아온

어느 강변 돌 틈에 감춰졌던

그곳의 물소리 바람소리가 궁금한 것인데

그 곁에 피어 있던 작고 노란

냉이꽃의 안부를 묻고 싶은 것인데

날아가는 새가 뒤를 돌아보지 않듯

지나간 것들의 흔적은 없고, 다만

허공을 나는 새의 발바닥에서
강물소리 바람소리 들리고
작은 냉이꽃이 피었다 지고 쓰러졌다 일어서고

세한도 2

　낚싯대 들고 떠난　사내가 그리워지곤 하였다

　오래된 책에서는 곰팡내가 숨어 살았다
　곰팡이들은 몇 문장의 집을 짓거나 낚싯줄을 먼 공중에 던져 놓기도 하였다 길 잃은 사람들은 그곳에서 잠깐 머물기도 했지만 길을 잃은 것조차 잊은 채 오래도록 살았다 아직 주인은 돌아오지 않았으므로

　이끼 낀 돌을 두드리는 사내를 본 적이 있다
　그를 기다리는 동안 집은 혼자 소나무를, 겨울은 조금씩 깊어졌다 흰 종이 위로 문득 눈발이 쌓여 며칠 밤은 너끈하게 새울 수 있었지만 사내의 가슴을 읽은 돌의 문장은 이미 난해하였다

　사내가 북한산을 지나 과천 어귀 주막집에서 눈을 맞고 있을 때 소나무는 돌아오지 못하는 사내를 기다리며 길 쪽으로 가지를 키웠다
　〈

몇 개의 문장이 사내의 손에서 파랗게 살아나고 있었다
 사내의 문장은 이끼와 곰팡이를 덜어내고 견고한 집을 짓기 시작하였고

 강물을 흘려보내고 소나무가 단단해지고, 집이 혼자 등불을 밝히는 동안에도

 사내는 돌아오지 않았다

환승역 사하라

나는 노동을 위해
무릎을 꿇는다
사람들은 내 무릎이 공손해지기를 기다렸다가
비로소
고삐를 틀어쥔다

모래바람 속에 하현달이 날려요
달그림자를 이정표 삼아 걸어 온 사람은 알지요
매일 쓰는 편지도 아픔을 달래지 못해요 당신은 벚나무 아래를 걷는 중이라 했던가요? 당신에게 가는 길은 휘어지다가 문득 사라지기도 해요 나는 자주 혼자가 돼요
사막에는 발자국들이 차갑게 빠져 있어요

불빛이 신기루처럼 밝아오면 내 흔적은 가만가만 지워지고 하늘은 칼금에 베인 노을을 지상으로 내려놓지요
역 어디쯤에서 당신이 손을 흔드는 동안 온순한

태양이 떠오르고 내 종아리에는 혈통을 알 수 없는
회초리 자국이 생겨요

    모래태풍 속으로 발걸음을 떼어 놓을 때
    나의 환승역은 어디쯤 준비되어있을까?

    그런 생각도 가만가만 묻어둡니다

지천명 무렵

문득 돌아보니 사막이다

사구에 낙타 그림자 길게 걸쳐 있다
내가 껴안은 전부를 버리면
저 그림자를 담을 수 있을까?

내가 담을 수 없는 것이 당신뿐이겠는가?

불러도 돌아오지 않는 것이 결핍의 시간이지만
여전히 위태롭게 금 간 당신의 얼굴을
읽지 못한다

아주 오랫동안 나는 불안을 껴안고
앞서간 사람들이 새겨둔 암각화를 찾아 걸었다

걷다 보면 모래구릉 가운데 서 있었다

두고 온 것이 있는 것 같아 자꾸 돌아보는 저녁
나를 안쓰럽게 바라보는 긴 그림자

〈
손가락으로 가리키는 곳에
우리가 닿고자 하는 하늘이 있었으나

아직 그곳에 다다르는 길을 찾지 못했다

레시피

각진 턱을 깎았다

레시피에는 감자와 당근의 모서리를 필러로 잘 다듬으라고 적혀 있었다

면접관의 모범답안은 갈무리할수록 또렷이 드러났고
소문은 절박하게 부풀려졌다

외모의 효능에 대하여 말하지만
나는
갈비의 육즙이 손실되지 않도록 내면에 집중하였다

손때 묻은 것이 아름답다고 말하는 사람들도
새로운 것들에 대한 집착을 감추지 않았다

갈비찜이 탁해지는 것을 막기 위해
감자의 모서리를 깎아내는 것처럼
〈

이력서의 빈칸을 채울 경력보다는 각진
얼굴을 깎는 것이 전략적이라고 딸아이가 가르쳐
주었다

청이

나는 던져질 때마다 꿈을 꿔요

제사장은 가면을 썼지요
온화한 웃음이 새겨진 아름다운 얼굴이죠
사람들은 술을 마시며 춤을 춰요 흐느적흐느적 춤은 계속되어요 나는 아직 던져지고 있고요 어머니 보고 싶다고 생각해요 내 꿈은 무엇이었을까? 무엇이었을까? 자꾸 물어보지만 알아요, 나는

아주 오래전부터 우리를 던지고 사람들은 아무렇지 않게 돌아갔지요 마침내 바람이 멎고 가면 속의 얼굴은 또 그렇게 환하게 웃었고요 아버지들은 조금 더 늘어난 미래가 자신들을 지켜 줄 것이라고 믿었죠

나를 던져 넣고, 세월은 또 흘러가겠지요
누군가의 눈물이 뚝뚝 떨어진 길 위를 서성이며 나는 푸른 바다가 쩍 벌어지는 소리를 들어요
〈

그 깊은 곳에 나는 꿈을 묻죠
햇살 반쯤 묻힌 바닷속으로 망설임 없이 뛰어들죠

과뇨산 또는 痛風을 이해하는 또 다른 방법

무엇이든 쌓아두는 유전자는
어머니 습성

언 손을 비비면
혼자 떠돌던 기억들이 부서지고

가만히 귀 대보면
너에게만 보내던 내 시선들이
층층이 모여 아우성치는 소리들이 들려

날이 갈수록 헐거워지는 기억들은
잘 벼린 칼날들이 채우고
너를 떠올릴 때마다
뭉텅뭉텅 베어지는 아픔들

뼈를 깎는 고통이라고 함부로 말하던 때

나 혼자 소리 내어 울면
〈

꾸역꾸역 쌓아둔 추억들이
관절 이쪽에
쾅쾅 못을 박는지 밤새
별들이 쏟아져 내려요

그렇게

 야생돼지는 우두머리 수컷이 방향을 정하면 모든 무리가
 그를 따라갑니다
 영리한 사냥꾼은 함정을 파놓고
 우두머리의 심장 한 치 떨어진 곳에 화살을 쏘아 맞힙니다 그러면
 성난 돼지는 무리를 이끌고 자신을 공격한 사냥꾼을 향해 달려듭니다

 사냥꾼과 돼지 사이 깊고 날카로운 함정!

 그것을 저돌적$_{猪突的}$이라고 합니다

 힘만 세고 아둔한 앞잡이 덕분에 죽어간
 어린 돼지들의 눈망울이 하늘에 대롱대롱 매달려 붉은 피눈물을
 뚝뚝 흘리는
 꿈을 꾼 뒤
 〈

정신없이 쫓아가는
어린 돼지새끼려니 하는 생각이
그렇게 꾸역꾸역 밀려듭니다

일당

　김 씨 아줌마는 심야식당 주방보조입니다
　오후 아홉 시에 출근하여 다음날 아침 아홉 시에 퇴근합니다 손님들은 주로 술 취한 사람들이고 주메뉴는 해장라면입니다 아줌마는 보조인데 혼자 근무합니다

　라면 끓이고 설거지하고 잠든 취객들 깨워 보내고 청소하고 다음 날 낮 장사할 재료 준비도 다 합니다 사장님은 친절하게도 근로계약서를 써 주셨는데 새벽 두시부터 네 시까지 휴게시간이라고 적혀 있습니다

　그래서 그 두 시간은 돈을 받지 못합니다 열두 시간 일하고 열 시간 치 일당만 받습니다
　그런다고 두 시간을 쉬어본 적도 없습니다 가게에 달아둔 카메라가 하품하는 것조차도 사장님께 고자질하니까요
　김 씨 아줌마는 아침 열 시가 넘어서 출근하는 사장님을 기다렸다가 하루 치 일당을 두 손으로 공손하게 받습니다

〈
휘청휘청 귀가하는 아줌마의 등 뒤로 허기진
그림자가 꾸벅꾸벅 졸면서 따라가는 것을
오래도록 바라봅니다

쓸쓸한 짐

　달빛 환할 때면 짐꾼의 그림자 길어지네 구름에 가려지면 낮은 언덕 문득 사라지고 낯선 별자리들 내려와 나무 위에 집을 짓고 나무 위의 집들 깜박깜박 아침을 놓치기도 하네 별자리를 올려다보며 걸어본 사람은 알지 발자국 위로 내려앉는 별들의 흐느낌 늦도록 그 별을 따라가 본 사람은 알지 한 번 짊어진 짐은 내려놓을 수 없다는 걸 점점 무거워진다는 걸 내가 지고 있는 것이라야 고작 머나먼 아무르 강과 그곳으로 흘러 보낸 당신의 이름과 깊을 대로 깊어진 그리움이 전부이지만

소리

 본차이나 접시를 떨구면
 둥근 눈을 가진 소들이 자신들의 울음을 꽉 붙잡고 뛰어오르는 것을 볼 수 있다

혼자라는 것

감자탕을 먹는다
등뼈에 붙은 살코기를 뜯어
그때처럼 탁자 위에 쌓았고
비 오는 거리를 바라보며 소주를 마셨다
비워지는 접시 위로
옆의 대화들이 날아와 반쯤 쌓일 때

빗속의 거리는 자정으로 흐른다
다시 냄비에 불을 올리며
식어가는 그대도 어딘가에서
이 비를 바라볼 것을
나는 이렇게 그대를 기다릴 수밖에 없다는 것을

옆 테이블의 늘어지는 대화들이 파고드는
술과 밥은 서늘하여서
뼈다귀에서 발라진 돼지고기가 식고
한때의 후회가 식는다

졸아드는 냄비에

물 한 컵을 더 부을 때

"술 한 잔 더 하세요"

소리에 그만
잔을 불쑥 내밀었다

귀가

미끄럽다
반듯하게 걸어간 발자국도
자세히 보면 한쪽이 닳아 있다

동트기 전
어둠 기운 쪽에 희미한 빛이 고여 있다

오래전부터 이 길을 걸어왔지만
길 위에 있을 때보다
길 밖에서 서성일 때가 많았다

한순간이었다
되돌릴 수 있다고 믿었던 생각들이
족쇄 되어 오기의 집을 짓고

스스로는 뿌리칠 수 없어 걷다 보면 발자국들끼리 엉키고

불편해진 생각들을 세상으로 돌리며 걷는 길

〈
앞서가는 그림자 많이 굽어 있다
희미한 여명에 기대어
닳은 쪽으로 마음이 쏠리는 길

집은 아직 멀다

구의역

왕십리 지나 강남 가는 전철 구의역 지나네
한 푸른 청년이 컵라면 하나 남기고 떠난 그곳을
지나가네 지나면서 먼저 떠난 동무들을
하나둘 불러보네 고향 떠나 객지를 떠돌다
소문으로 전해 듣던 동무들 이름을 불러 보네
공장에서 공사판에서 길에서 동무들이 남겨둔
컵라면 구의역에 헌화하고 강 건너 강남에 가네
내 주머니 속, 별빛 같은 컵라면 하나 만지작거리며
서둘러, 서둘러 강남 가네

2부

설렁설렁

　아직은 좀 이른 가을입니다 구멍 난 벚나무이파리가 붉게 물든 계절입니다 남자는 강아지의 머리를 쓰다듬으며 해바라기를 하고 있습니다 바람은 남자와 강아지 사이로 불고 잔잔한 결이 새겨지기도 하는 아직은 좀 이른 가을 오후입니다 눈치채셨겠지만 바람의 문양은 설렁설렁합니다 그대의 흔적이 그러했듯 푸른 청춘을 떠나보낸 매미의 껍질처럼 앙상하고 투명한 남자의 머리카락에 붉은 노을이 물들고 있다고 말하고 싶습니다만 이곳에 우두커니 서 있는 내 설움도 고만고만합니다

낚이다

사내가 월곶 앞바다에 줄이 굵은 낚시를 던져두었다

비릿한 바닷바람이
사내의 머리카락을 흩어주다가 살집 좋은 여자의 허벅지 속에 숨어들기도 하였고 새 몇 마리쯤은 웡웡 날아오르기도 하였다

문제는 여자의 기다림이었는데
입질이 더딜수록 바람의 머리채를 끌어당기고 밑밥의 양을 늘리기도 하였고, 낚싯줄을 당겨보다가 마땅치 않으면 채비를 바꾸며 슬그머니 물이 빠지는 갯벌을 더듬어 보기도 하였는데

그만 민망해진 바다는 허연 배를 뒤집어 보였고

울적해진 사내의 초릿대가 한순간 휘어졌고

저만치 먼 곳 아랫도리가 푹 삭아 구멍 숭숭 뚫린

폐선이 해바라기를 하고 있는데 굵은 밧줄 하나가 겨우 웅덩이쯤에 닿아 있었고

  또 다른 사내가 바다에 헛기침하듯 줄이 굵은 낚시를 던지고 있었다

멀었다

덜 익어 푸른 감이 떫은 것은 타닌 때문이라고 한다

나무는 꽃을 떨구고 애기감을 떨구고
고르고 고르며 감을 키웠으리라
천둥 번개에 휘몰아치는 바람을 막아서며
포근히 껴안고 키웠으리라
더러는
가지를 휘어 그늘을 만들어 주었고
더러는 새들을 불러 모으고
늦은 밤 귀가하는 어느 늙은 가장의 발목에
등불을 비춰주며 그래그래 그 고단함을
다독이며 이런 게 세상이라고
이렇게 서로 어깨 비비며 사는 세상이라고
소곤소곤 애기감들에게 일렀으리라

감들은 세상을 따뜻하게 바라보았으리라
그러면서 익었을 것이다

아!

멀었다
아직 내 타닌은
너를 향해 까칠하게 날을 세우고 있으니

아열대

내 손바닥에는 유목민의 지도가 새겨져 있어요
　푸른 초원과 높은 하늘이 배경이구요 그 끝은 꿈속처럼 아득하지요　당신이 내게 겨누었던 눈길을 돌리면 비로소 가로수나 푸른 신호등에 손바닥을 대보지요

　엄마는 수목한계선을 따라 이곳까지 흘러왔다고 해요
　엄마의 별자리는 기억 속에 새겨두었지요 산맥과 강물은 정착을 갈망하던 엄마의 흔적이구요

　폭우 속에서 새벽이 오면 다시 떠날 생각을 해요
　손바닥을 펴 보면 희미해진 길들이 깜빡깜빡 불을 밝히고 남방의 비릿한 물 냄새가 흘러 다니고 항구에 정박한 배에는 새로운 항로가 새겨지고

　아마 당신 잠깐 측은하다는 생각도 하겠지요?

연탄

아뿔싸
아랫녘 구멍을
너무
활짝 열어 놓았다
은근할 새도
입술 오므려
뜨건 바람 불어 넣을 새도 없이
벚꽃 화르르 폈다 지듯

아랫목이
불끈 달아올랐다

옹이

새가 부리를 부빌 때
온몸이 아파왔어요
내 몸에 새겨진 문장이나
그것을 새겨 넣던 때의 작은 울림들
상처의 흔적마다 하나씩 귀를 달았어요
부드러운 속살로 감추고 있지만
가끔, 송곳처럼 날카로워진 것들은
몸 밖으로 적의를 드러내곤 합니다

나를 지탱하는 것이 무언지도 모른 채
새의 눈으로 그대를 바라본 적 있습니다

스스로 상처를 감싸려는 속살의 안간힘
뭉툭해질 때까지 나무를 쪼는 부리의 고통
비를 맞으며 서 있다 보면
부풀어 오른 그리운 기억들이
귀 속으로 들어와 메마른 문장을 닦습니다
내 몸속, 견고한 집 한 채 짓습니다
〈

그렇게
내 굽은 등은, 옹이에 찔리며 서 있습니다

외피

잎이 떠나간 다음에야
나무의 몸이 보인다

한때는 굽혔고
또는 휘어지면서 얻은 상처
찢긴 가지의 흔적
누군가 함부로 새겨놓은 소문의
낙서조차도
나무는
제 몸으로 안고 있다

거친 몸 위에 손을 올리면
아직 갈 곳이 먼
내 그림자가 읽히고
나무의 두근거림이 파문을 지으며
내 두 손을 움켜잡고

이윽고 나의 외피를 벗겨내고
〈

한자리에 뿌리를 내리고 살아가는 것들
서로의 등을 대고 서면

적막하였다

하루

자주 기억이 사라지곤 해
불안한 단어들이 행간을 메워주지만
당신이 남긴 말은
어느 별에 저장해 두었는지
당신의 존재를 증명할 수 없어
쉽게 고를 수 있는 기억들은
잘 다듬어진 콧수염 같은 것이라서
습관적으로
꺼내 보이기엔 적당하지
당신을 부정하는 동안에도 당신에 대한 기억은
긴 꼬리를 이루고
나는 잠깐 쓸쓸한 표정을 지을 수 있지

당신과의 불순한 사랑처럼 하루는 저물고
나는 그리움에
몇 줄의 흔적을 새기지

찔레

햇빛에 반짝이는 눈가루를 따라 들어서는
仙界
방장산 정상에 눈꽃이 피었다
하얀 상고대를 입은 나무들
바람도 바위도 세상이 온통 순백의 설원인데

그대를 바라보는
마음만 붉다

立冬

아무런 소식이 없었다

골목길에서 서성이는 시간이 길어졌다
백신을 맞으면 면역력이 생긴다는 말도
들끓는 열병을 재우지는 못했다
길을 허물고 새집들이 생겨났다
해가 뜰 때마다 새로운 어둠이 생겨났고
내 몸도 매일 어두워지고 있다는 것을
말해주는 사람도 없다
한 움큼의 입담배를 씹으며 보냈다
뒤적일 일기장도 편지도 남아 있지 않았다
창밖으로 고개를 꺾으면
간혹 낙엽들이 엽서처럼 흘러들고
햇볕은 쓰라렸다
그대가 버리고 간 시간들만
길게 누워 나를 유심히 바라보았다

오늘도 담쟁이덩굴이 많이 앙상해졌다
〈

나
막다른 골목에 서 있었다

하산

길을 잘못 들었다

중얼중얼 내려가는 길

올라왔던 길이 아니다
나무만 보고 걷는다고 저 바위를 이정표 삼아 내려간다고
달라질 것도 없겠다

이렇게 한 백 년 산속을 헤매다 보면 새들도 집으로 가겠지
푸른 계곡에 누워 있겠지
납작한 바위가 되겠지
머리 위에 탑을 쌓으며 나는
하산하겠지
더디게 더디게 절벽 아래로
낙하하겠지
때로 구름 같은 거라도 만들어
마음을 지우겠지

그러면 어떤 오후
나는 전속력으로 생의 밖으로 달려가겠지

餘地

 버려진 시간은 고독하였네
 끝내 지워지지 않는 그대를 보내려 어라연漁羅淵천변을 걸었네
 한번 흘러간 시간은 돌아오지 않는 것이라고 그리움도 때가 되면 이끼긴 바위처럼 진부해지는 것이라고 중얼거리며 걸었네

 그대의 등은 따뜻하여 기대어 잠들기에 좋았네

 사랑을 내려놓고, 그대를 버려두고 나를 버려두고 세상으로 가는 저 길마저 버리고

 별들이 창으로 들어와 고요히 녹아드는 소리를 듣겠네

3부

이슬에 젖어

밤을 새워 우는 벌레처럼
밤을 새워 지는 저 별처럼

끔찍했던 사랑아 그대 떠나고 오래도록
어둠뿐이었고 나 어두워졌네
하염없이 꽃이 피고 지고 소식은 없고
새벽이슬에 젖으면서 서성이네

옆구리에 손을 넣으면 울컥울컥 어둠이 쏟아지고
나는 잠들지 못하고
야위어서 퀭한 눈과 투명한 몇 마디뼈로 남고

밤을 새워 지는 저 슬픔처럼
이슬에 젖어 몹시 춥다고
언제나 마지막은 그런 거라고
그대 떠난 자리 더듬어 보면

버려진 것들만
환하게 박혀 있네

동백

붉은 꽃을 꺾는다, 꺾어도
또 피어나 봄을 알리는 동백처럼
상처 난 기억들은 아물지 않고
버려지던 풍경들만 선명하다
뒷모습을 지우려고 손톱을 뜯으면
자꾸만 일어나던 손가시 때문에
밤은 늘 외로웠다

그래
붉은 꽃을 꺾으며 생각했지
봄이 그전의 봄이 아니듯
이별 또한 같은 이별이 아니지

네가 떠나면 나 또한 떠나고 말 테니

그립다는 말로도 하루를 버티던
그 무렵의 봄이 이제 와서 무슨 소용이란 말인가

동백, 떨어진다

잊었던 시간이라고 이미 잊힌 시간이라고
지는 꽃잎이 어깨를 감싼다

지우다

잠은 깊었고, 어두웠다 태양이 뜰 때도 있었으나, 대부분 우울했다

사랑이라 믿었던 그대로부터 잊히고 깊은 숲속을 걸을 때 길은 엇갈려 과거로 돌아가는 꿈을 꾸기도 하였다

혼자 우는 밤이 많아졌다

조금씩 버리는 것이라고 말했다
조금씩 잊히는 것이라고도 하였다

소식이 끊어졌다고 대게 풍문은 새롭다고 말하는 사람도 있었다

밤이 깊었고

익숙한 흔적이 만들어지는 것을 물끄러미 들여다보고 있었다

〈
　이제는 어둡다거나 그립다거나 깊어졌다거나 그런 말들로부터

　나 또한 지워졌다

첫사랑

나는 다만 그에게 잊히지 않으려고 아직도 그가 그립다

문고판 어린 왕자를 읽고 사막여우에 대해
석양에 대해서 이야기할 때
그는 나를 빤히 바라보며 자꾸 바보라고 말했다

너를 기다릴 때면 습관적으로 손목시계를 들여다 보게 된다

그런 나를 애잔하게 바라보는 바오밥나무

발등 위로는 시침과 분침이 차곡차곡 쌓였다

바닷가 모래 위에 적어둔
너와 나의 이름과 그사이 수줍게 그려진 ♡표시가
바람에 깎여나가는 모습을
안타깝게 바라본 적이 있다
손수건을 묶어두었던 소나무가 웃자라서

그런 나를 물끄러미 바라보고 있었고

사막에서 죽는 꿈을 꾸었다
내 몸은
모래가 되어 흘러내리고

손톱엔
봉숭아 꽃물이 붉었다

불빛 흘러나오는
창밖에서 언 손을 녹이며 서 있을 때
눈이 내렸다
눈 속을 걸으며
오늘 밤은 슬프지 않게 더 멀리 갈 수 있겠다는
생각을 하였다

어떨 때는 슬픔이 하루를 따뜻하게 데울 수도 있지만
당신이 흔들리며 걸어가는 모습으로도
나는

따뜻해졌다

별들은 다 어디로 간 것인지

당신이 어딘가에 살아 있다면

그곳에도 아직

눈이 내리는지

水蓮

가등 아래 서성이는 동심원은 멀어질수록 커지다
허공이 되고 허공이 되었다가 어느 날 찬비 되어

쓸쓸한 그림자로 돌아오는

당신을 부르면 입속에서 둥근 파문이 일었다

작은 물방울이 또르르 흘러오는

저렇게 둥근 눈물을 간직한 당신

어둠을 걷으며 붉은 꽃으로 환생할
당신을 부르며

더 깊어지고 싶었다

고였다가 고요하다가 어느 순간
흘러가고 싶었다

미늘

한 여자가 있었지 맑은 하늘 같은 여자

서해에 마음 풍덩 던져놓고
목마른 듯, 세상을 마시던 여자

붉은 홍합 같은 여자였네

미래가 그리워 울던
붉거나 투명하거나 축축한 여자였네
물과 같아서 뭐든지 흘러보내던 여자

혼자 남겨지던 여자 그런 여자가 있었네

그녀의 눈물은 가슴이었네
남겨진 것들만 저장하여둔 부풀어 오른 가슴
출구 없는 동굴 같은 어둡고 습한 가슴
누구나 침입하여 마구 휘저어놓은 가슴

한 여자가 있었네

세상 속으로 뛰어들었고, 세상으로부터 버려진
푸른 여자가 있었네

寒露

낙엽을 들춰보면 어두운 그림자 말라 있었지
아직 가을이 많이 남아 있는데
서둘러 떠나는 사람들 뒷모습 어두웠고

하루에도 몇 번씩 의자를 당겨 그대 떠나는 모습을
물끄러미 바라보곤 해

하늘엔 빗금이 그어져 울컥울컥 철새들 날아오고

기억이라는 것도 추억이라는 것도
낙엽을 들추듯 들추어낼 때
그리워할 때 겨우 가슴이 저려오는 것이지

하늘엔 반짝이는 찬 이슬

철새들 왜 돌아오는 것일까?

마흔네 번째 지는 해를 보고 싶다고
의자를 끌어당겼지만*

〈
사실은
당신이 손 내밀어 주기를 기다렸어

* 어린왕자에서

봄·밤

어느 날부터 시집이 배달되지 않았어요
몇 번씩 고쳐 적은 편지처럼
풍경들이 낯설게 바뀌곤 해요
결핍은 꿈을 키우고
추억은 그리움을 키우나요?
유리에 이마를 대고 빗물에 지워지는 발자국을 셉니다
가등이 껴안은 골목으로 검은 비닐봉지가 걸어 들어와요
어느 집에선가 웃음소리가 재생되고
이윽고 창이 어두워집니다

돌아갈 곳이 없다고 중얼거리다 보면 문득 서러워져 엽서를 씁니다

당신은 당신 속에 당신을 숨겨두었지요
아직 불이 꺼진 어두운 창과
비릿한 꽃 냄새
비 그친 틈을 타고 바람 부는 틈을 타고 당신도

없는 틈을 타고
　나무의 눈을 짓누르면
　겨우
　겨우
　라일락이 골목을 밝힙니다

　꽤 오래 묵혀두었던 당신의 말씀처럼

허전하다

그대를 보내고 비로소 어두워지네
몇 개의 웅덩이를 남기고 비는 그치고 추녀 밑에 서서 주머니 속 남은 담배를 매만지네
자꾸 흔들리네 흔들리던 시간들
두려워 쓸쓸하게 돌아서던 뒷모습을 떠올리네
어두웠던가?
내가 없어 평온해진다면 그대여 떠나도 좋겠네

짧았네 나없는 세상도 순간일 것이네
그리워진다는 것도 사랑이란 것도 짧아서 좋았네
동굴처럼 어둠이 밀려오면 나는 둥글게 웅크려 잠들겠네
내 사랑은 삼류 영화 같아서 통속적이었네

그대 단 한 번만이라도 뒤돌아봐 주기를
흐느끼는 나뭇잎
弔書처럼 뚝뚝 떨어지는 낙수를

아주 오래도록 그대 곁에 서 있고 싶었네

〈
그대 떠나고 어두워졌네

어둠이 내 그림자를 지우고 있네

아무르

등불 심지를 돋우며 밤을 보냅니다

정신을 차려 보면
아직도 강변을 서성이고 있습니다
그대 찾아서 떠난 길은
생경한 거리에 나를 남겨 둡니다
낯선 곳에서 만난 사람들과
친구가 되는 경우도 있었지만
마음속에는 그리운 그대뿐입니다

서둘러 목련이 지고 다시 봄비도 내렸지요
그날처럼 어두워져도
나의 별자리는 한 번도 변한 적이 없는데

그리워서 나는 무릎을 꺾고 잠이 듭니다
잠 속으로 목련 지는 소리가 들립니다

오래 묵혀둔 일기장에는
아직 그대에게 걸어가는 壓花가 피고 있습니다

틈

자주 마음에 틈이 생긴다

아주 심할 때는 빗물이 스며들어 온몸이 젖을 때도 있다

그러면 떠도는 섬이 되는 것인데

섬에는 바람과 어둠이 있고

저 멀리 따뜻한 불빛이

아주 천천히 다가오네

식탁

식탁이 쓰러졌다
한 쪽 다리의 나사못이 풀려
중심을 잃은 것이다

헐거워진 시선으로
깊은 밤 소주를 마시는 나를 지켜보고
겨우 지탱하는 팔과 어깨를
받아줬던 세월이 한순간 무너진 것이다

따뜻한 밥과 대화가 사라진 식탁엔
먹다 둔 식빵이나 쨈이 굳어 있고
관리비 독촉장이거나 약봉지들의 차지가 되었다

기우뚱 기울어진

기울어지기 전

기울어지기 전
〈

자꾸만 어긋나는 나사못
고쳐 박으려 해도
손길은 자꾸 허공을 더듬었다

항구

그리운 것들은 남겨두고 돌아가야 한다

종려나무 아래 서성이는 이별의 시간은
흐르고
주머니 속이 축축하다

뱃고동이 외딴 섬 하나를 끌어다 놓는다

남겨두고 남겨진 곳으로 돌아가는

깃 속에 부리를 묻고 잠든 새처럼
따뜻한 안식이
그리운

항구의 밤이 깊다

4부

듣다

虛空이 공중에게 소곤거리는 소리를
공중이 휑한 수평선에 치근대는 소리를
듣는다
밤새 잠들지 못하는 사람이 제 속에
아득한 섬 하나 들이는 소리를
낮은 수평선이 불쑥 손 내밀어
붉은 파문을 공중으로 띄워 올리는 소리를
듣는다

뼈마디와 살가죽이 딱딱하게 말라가는 소리를 듣
는다

그리고

공중으로 뛰어오르던 파문의 자락이
이슬의 옆구리를 툭 걷어차서
막 풀잎을 이탈하는 그 소리를
듣는다

팰림프세스트

 불심이 깊은 어머니는 노인 복지관을 다니기 위해 당분간 큰소망 교회에 다니기로 하였죠 어머니의 교주는 장남이었고 어머니는 하루하루 늙었어요

 검은 안경을 쓰면 세상이 두렵지 않았어요 세상은 제 본 모습을 보여주지 않죠 누구든 필요한 만큼만 이용하거나 쓰이면 그만이죠, 늘 그래왔어요 아버지의 방은 어두웠어요 아버지의 엔카도 어두웠지요, 아버지의 그리움은 또 무엇이었는지는 궁금하지 않아요, 술을 마시면 꺼억꺼억 토하던 아버지는 한 쪽 다리를 절었죠

 아버지의 과거가 가족의 미래를 미궁으로 끌어들이는 동안에도 얼룩을 지우는 것은 세월의 몫이라고 믿었어요, 아버지의 생애에 흐르던 유전자는 내게로 와서 몇 번은 숨겨지고 고쳐지고 다듬어졌어요 아버지의 어깨가 세월 따라 허물어졌듯이 나는 세상이 원하는 유전자만을 남기기로 하였죠 누이동생의 울음이나 정류장에 쪼그려 앉아 묵주를 돌리던 어머니

와 덜컹덜컹 붉은 녹물을 흘리던 함석 대문은 더 이
상 나와는 상관없는 일이 될 거에요 분명

　잘 못 든 길이 생의 배경이 되기도 하였지요
　누군가 나의 과거를 들여다보면 붉었거나 우울
했던 가계家系가 환하게 음각되어있을 것이지만
　그래도 오늘은 또 다른 흔적을 적어 넣어요

그럴 때

꽃잎 떨어져 혼자 나릴 때
아무런 사연 없이 그리워지던 사람, 그런 사람 문득 떠오를 때
잃어버린 길 위에서 절망과 마주 섰을 때
그저 떨어진 꽃잎만
내 가슴에 보공補空으로 들어설 때
그럴 때
한세상 흔들흔들 살았다며
술잔 위에 뚝뚝 서러운 말 떨굴 때

금 간 가슴이 스스로 아물고 꽃잎 떠나간 자리에 풋열매 열리면 폭풍처럼 봄은 지나가고 어느 나무에 기대어 아직 돌아오지 않는 그대에게 시린 공기 한 줌이라도 보내주고 싶었습니다
내 가슴에만 스미던 기억들도 몇 줌 잠시 창가를 어른거리던 당신 그림자에게 보내주고 싶었습니다

그럴 때
〈

당신은 누군가 울며 지나갔다고
겨우 웅크리고 잠든 봄밤을 우두커니 내다보겠지요

한식

경주김공병준 신위 앞에 술잔 올리는데 산새 웁니다
생강나무 이팝나무 꽃을 피우고
상석 옆 개불알꽃도 피어납니다 고시래 고시래 고시래
찬물에 밥 말아 고시래
아버지 식성 닮아 봄이면 입맛 없는 아우는 여직 연변을 떠돌고
향수병이 도지면 개장국집에서 고시래 고시래
아버지를 지우려 독주를 마시며 고시래 고시래

가난 때문이라고
밥 때문이었다고

내가 살기 위해서였다고

북쪽으로 끌려간 형님을 가슴속에 버리고
엎드려 울던 다랑이논두렁에 가뭄 든다고

고시래 고시래

〈
술잔을 채우는데
산새는 웁니다

멀리 논빼미 물 차 오르고
석양을 등지고 시외버스가 느릿느릿 고개를 넘습니다

골다공증

팔순 노모의 엉덩이뼈가 부서졌다

과일나무는
가뭄이 들면 온몸의 진액을 열매에 보내고 홍수 때는
당분만을 뽑아서 열매에 보낸다고 한다
서각을 하는 이는 나무의 결을 더듬으며
지독한 가뭄을 집어내곤 하였다

나무는 스스로를 지탱할 양분까지
열매에 보내고 허물어진 몸의 흔적을
내게 보여 주었다

어머니 뼈에도 바람구멍이 숭숭 뚫려 있었다

저 구멍에서 빠져나온 것들은
지금
무엇이 되어 있을까
생각하며 엉덩이뼈를 더듬었더니

〈
아직 딴딴한 시간이 만져졌다

쓸데없이

어느덧 희미해진 별이
구겨진 시집 위에 내려앉았다

하루가 깜빡 졸다 사라지고

가만히 가슴속에 손을 넣으면
아직은 따뜻한 것이 만져지기는 했다

계절이 자주 바뀌어
그대와 내가 잠깐씩 그리워진다고 해도

쓸데없이
나이만 먹었다
세상에 발자국 하나 남기지 못하고
참말 쓸데없이
별이 졌다

生佛

해마다 서너 마리로 여름을 나던
옆집 할머니가 어느 날부터 강아지와 함께
공원 나들이를 하십니다 강아지는 할머니를 힐끔힐끔
뒤돌아보며 앞서갑니다 때론 어린 손주처럼 안고 가시기도 합니다
큰 아드님이 이제는 보신하기 영 글렀다고 툴툴거립니다
할머니 시치미를 툭 떼시고 합장을 합니다

할머니 발등을 베고 강아지가 졸고 있습니다

어두운 목련나무 아래서

작은 창으로 스며드는 허공 바라보며
뿌리까지 젖어서 기다리네
환하게 목련 피고 지고 환하게 뿌리까지 젖으면서

기다리네

상처가 새로운 길을 만든다는 것, 나는 믿네
 나뭇가지를 따라 걷다 보면 虛空도 굵직한 상처 몇 개 품고 있는 것을
 본 적이 있네 새들이 지나가고 바람들 마구 돌아다닌 길을 다 품고 누군가 등 밝혀 들여다보아줄 그때를 위해 스스로 아물면서

그래서
그대를 기다리는 것이 젖는 것이라 해도 젖으면서 조금씩 스며드는 것이라 해도 나는 기다리겠네

지금은 내가 다만 그대를 기다릴 뿐

영월

아주 오랜만에 영월을 지납니다
제천까지 따라오던 비바람이
어느새 잦아들고
웅크려 울던 새벽을 지우며 영월을 지납니다
혹시 누군가 남겨둔 안부라도 있을까
두런두런 살피며 영월을 넘습니다
아버지 아직 서강 물에 발 담고 계실까
밍숭한 올챙이국수 말고 계실라나
두런두런 살피며 지납니다
참 신산스러웠다고
욱신거리는 관절들 주무르며
그립다 하시던 청령포의 천렵이며
관솔 내 자욱한
별 총총 어라연 계곡을
꾹꾹 눌러 밟으며 지납니다
동강 따라 구불구불
구겨지고 찢어진 속울음 말리며
한 백 년 더 살 것 같다고 중얼거리며
지납니다 참 익숙한 길입니다

* 박수현 시인의 「복사뼈를 만지다」 중에서

遺傳

항암치료를 받고 온통 머리털이 다 빠지고

약을 먹기 위해 토하며 밥을 먹어도

가발 쓰고 한증막을 다녀와도

울지 않았다

매일 산에 오르며
납작해진 가슴을 보면서도

울지 못했다

함께 나서는 뒷모습에
두려움이 묻어 있기도 했으나

非遺傳性이라는 통보받고는

엄마는

한숨 몰아쉬듯
겨우겨우
울었다

휴식

겨울 한 날 놀이 공원에 갔습니다

노년의 부부가 어깨를 마주하고
눈 덮인 호수를 내려다봅니다

누군가 지나온 길을 지우며 눈이 내립니다

이제야 하루의 일을 마친 리프트가
허공을 가르며 지나가고 있습니다

어깨가 가벼워 보입니다

오수

아파트 경비실 밖
모과나무 아래 등 굽은 노인이 졸고 있다

폐자전거에 올라앉은
고양이는 검은 털을 고르고
바람이 고단한 땀 냄새를 날려 보낸다

바투 잡은 빗자루는 손을 놓지 않고
무릎 위로 굴러떨어지는
낡은 햇살도 졸고

세상이 언제 이렇게 고요한 적이 있었던가?

천둥 같은
클랙슨 소리가
빛바랜 등받이 의자를 두들겨 깨울 때

화들짝 부동하는 빗자루

흰 머리털이 눈부시다

동행

덕이 순이 할매는 함께 사십니다
 지하방에 추억만 쌓아두고 삽니다 생계지원금은 할머니를 버린 가족 대신입니다 둘이 마주 보면 할 말도 없습니다 명절 때는 서로 시선을 피하기도 합니다 가진 것은 그리움과 원망입니다

 할머니는 무료급식소에서 국수 드시려 오십니다 처음엔 쑥스러워 국수그릇에 담긴 젓가락만 만지작거렸지요, 어디부터 어긋난 것일까 식탁 위 가족사진이 걸려 있던 창가 가슴을 부풀리던 젊은 시간 아이들 웃음소리가 차곡차곡 쌓이던 꽃길이 노을도 지기 전 시나브로 어두워지고 서로의 그릇에 국수 가락을 덜어줍니다

 할머니들의 귀갓길이 늘어집니다 가로수 그늘에 앉아 까뭇까뭇 졸음이 몰려옵니다 자글자글 볶은 머릿결 사이로 세월이 스쳐 갑니다 살아온 흔적입니다 요즘은 부쩍 딴 세상이 그립기도 합니다 지팡이를 움켜쥔 손이 흰 여백 속으로 사라지는 것을 본 것은 잠깐 사이였습니다

■□ **해설**

이상과 생활의 갈피에서
방황하는 방랑자의 노래

이승하(시인·중앙대 교수)

 큰 희망을 품고 맞이했던 2020년 경자년 쥐띠의 해는 누구도 예측하지 못했던 팬데믹의 해가 되고 말았다. 유럽 사회를 공포에 떨게 했던 페스트에 못지않은 역병인 코로나19 바이러스는 지금 백신이 개발되어 접종되고 있음에도 불구하고 여전히 위세를 떨치고 있다. 이런 암담한 시대에 문학은 무엇을 할 수 있을까? 시는 또 무엇을 할 수 있을까?
 유럽 사회를 엄습한 페스트는 세계 문학사에 2편의 위대한 작품을 선사했으니, 보카치오의 『데카메론』과 카뮈의 『페스트』다. 지난 세기 인류에게 닥친 큰 재앙인 두 차례의 세계대전도 문학적으로 보면 수많은 명작을

탄생케 한 진원지의 역할을 했다. 한국전쟁도 마찬가지였다. 이른바 '전후문학'이란 것이 대두되었는데, 그 당시 유명 출판사인 신구문화사에서는 '세계전후문제작품집'과 '한국전후문제작품집'(시편과 소설편을 따로 제작)을 내어 베스트셀러가 되기도 했다.

백신 접종이 세계적으로 지지부진이라 팬데믹 현상이 언제 끝날지 그 누구도 장담할 수 없다. 우리는 여전히 '집콕'과 '거리두기'와 '마스크 쓰기'의 답답한 나날을 보내야만 한다. 다들 집에서 무엇을 하는가. 문인은 오히려 시간과 공간을 확보한 김에 더 열심히 글을 쓰고 있다. 시집도 작년과 올해 많이 출간되었다. 이런 환란의 시대에 시인의 더듬이는 더욱 날카로워지는 것이다.

지금 우리 시단의 흐름은 크게 세 가지로 나눌 수 있다. 독자와 소통이 거의 되지 않는 난해한 시들이 엄청나게 많이 생산되고 있다. 한편으로는 분량도 짧고 내용도 단순한, 우리에게 익숙한 서정시를 모은 시집이 여전히 많이 팔리고 있다. 또 한 부류는 문학권에서는 전혀 언급되지 않지만 베스트셀러 시집이 있다. 이게 시인지 농담인지 모를 우스갯소리를 써놓아도 현실에 지친 독자는 그 시집을 구매하니 알다가도 모를 일이다. 이런 시단의 양상에 불만을 품은 시인 지망생들이 시조로

가고 있고, 독자들은 시낭송가가 되고 있다. 한국문인협회에서는 평생교육원을 운영하고 있는데 시반 수강생 수보다 시낭송반 수강생 수가 많다고 한다. 시는 원래 읊조리는 것이었는데 자유시의 역사가 전개된 이후 운율을 잃어버림으로써 역설적으로 독자들이 시낭송 쪽으로 가고 있는 것이다.

2006년에 등단해 이제 제3시집을 준비하고 있는 김정학은 어찌 보면 과작의 시인이다. 5년에 1권꼴로 시집을 내고 있으니 말이다. 그런데 그는 생업을 꾸려가기에 여념이 없는 가장으로서 성실히 살아가는 한편 과천문인협회의 온갖 궂은일을 다 해온 심부름꾼이기도 하였다. 자리이타(自利利他)의 삶을 꾸려가는 과정에서 시 쓰기를 멈추지 않고 이번에 세 번째 시집을 준비하게 되었다. 그럼 김정학 시인은 도대체 어떤 시를 쓰고 있는 것일까? 대표시를 10편 정도 뽑아서 해설자 나름대로 감상평을 써보고자 한다.

새들 무리 지어 가는 허공에서
누구는 길을 읽었다 하고 누구는 깃털을 보았다 하였으나
〈

나는 새가 날아온

어느 강변 돌 틈에 감춰졌던

그곳의 물소리 바람소리가 궁금한 것인데

그 곁에 피어 있던 작고 노란

냉이꽃의 안부를 묻고 싶은 것인데

날아가는 새가 뒤를 돌아보지 않듯

지나간 것들의 흔적은 없고, 다만

허공을 나는 새의 발바닥에서
강물소리 바람소리 들리고
작은 냉이꽃이 피었다 지고 쓰러졌다 일어서고
─「새」 전문

  이 시는 단 한 개의 문장으로 되어 있다. 일부러 중간에 끊지 않고 9개 연을 이어서 썼다. 그런 점에서 서정시의 운율을 완강히 거부하고 있다. 게다가 소재가 '새'인 점을 감안하면 이런 파격을 구사한 이유가 몹시 궁금해진다. 일단 내용을 검토해보자.

   시적 화자는 새의 무리를 보고 그들 새가 날아온 "어느 강변 돌 틈에 감춰졌던/ 그곳의 물소리 바람소리"를 궁금해 한다. 게다가 "그 곁에 피어 있던 작고 노란/ 냉이꽃의 안부를 묻고 싶은" 것이다. 눈앞에 보이는 현상에 주목하지 않고 다분히 형이상학적인 세계를 탐색하고자 하는 시인의 태도를 밝힌 시가 바로 「새」이다. 시인의 눈은 허공을 나는 새의 발바닥에서 강물소리와 바람소리를 듣고, "작은 냉이꽃이 피었다 지고 쓰러졌다 일어서고" 하는 것을 본다. 현상계 너머를 보는 이는 이 세상에 시인밖에 없다. 부조리극조차 현실의 일이고 SF 소설조차 과학적 지식의 기반 위에서 창작된 소설이다. 가상현실을 다룬 소설일지라도 '가상'만을 다룰 수는 없다. 웹툰, 웹소설이 황당무계한 경우가 많지만 현실의 어느 부분과 반드시 연결되어 있다. 하지만 김정학의 시는 다분히 형이상학적이어서 천상의 소리 같다. 추사 김정희의 그림을 소재로 한 시를 보자.

   낚싯대 들고 떠난 사내가 그리워지곤 하였다

〈

　오래된 책에서는 곰팡내가 숨어 살았다

　곰팡이들은 몇 문장의 집을 짓거나 낚싯줄을 먼 공중에 던져 놓기도 하였다 길 잃은 사람들은 그곳에서 잠깐 머물기도 했지만 길을 잃은 것조차 잊은 채 오래도록 살았다 아직 주인은 돌아오지 않았으므로

　이끼 낀 돌을 두드리는 사내를 본 적이 있다

　그를 기다리는 동안 집은 혼자 소나무를, 겨울은 조금씩 깊어졌다 흰 종이 위로 문득 눈발이 쌓여 며칠 밤은 너끈하게 새울 수 있었지만 사내의 가슴을 읽은 돌의 문장은 이미 난해하였다

—「세한도 2」 전반부

　우리는 '김정희' 하면 '추사체'와 '세한도'를 떠올린다. 그만큼 유명하다. 또 '세한도' 하면 제주도 귀양살이, 당파싸움, 사제지간의 정리(情理), 선비의 절조(節操), 소나무에 빗댄 인내와 초월 등을 떠올리게 된다. 요즘에는 기증자 앞에서 90도로 인사한 문재인 대통령의 모습까지도 함께 떠올리게 된다. 그런데 시인이 발견한 김정희는 저잣거리를 떠나 유유자적하는 강태공의 모습을 하

고 있다. 우리가 몸담고 있는 이 세상의 일이란 늘 그렇지 않은가. 복잡다단하고 허무맹랑하고 지리멸렬한 것. 이런 곳에서 벗어나 자연 깊숙한 곳을 찾아가 은거한 자의 고독을 시인은 상상하고 있다. 부러워하고 있다.

    사내가 북한산을 지나 과천 어귀 주막집에서 눈을 맞고 있을 때 소나무는 돌아오지 못하는 사내를 기다리며 길 쪽으로 가지를 키웠다

    몇 개의 문장이 사내의 손에서 파랗게 살아나고 있었다
    사내의 문장은 이끼와 곰팡이를 덜어내고 견고한 집을 짓기 시작하였고

    강물을 흘려보내고 소나무가 단단해지고, 집이 혼자 등불을 밝히는 동안에도

    사내는 돌아오지 않았다
                      —「세한도 2」 후반부

김정희가 말년에 과천에 와서 4년 동안 살다가 죽어 추사박물관이 과천에 세워졌다. 북청 귀양지에서 돌아

온 뒤 김정희는 전에 아버지가 과천에 마련해둔 과지초당(瓜地草堂)에 머물면서 말년을 보냈다.「세한도」는 제주도에서 유배생활을 할 때 제자 이상적이 중국에 가서 귀한 책을 몇 차례 구해오자 고마운 마음에 보답으로 준 것이다. 시의 제4연은 시간과 공간이 실제 그림「세한도」와는 다르다. 김정학 시인에게는 역사적 사실이 중요한 것이 아니다. 세속과의 거리감, 외딴곳에서 느끼는 고적함, 마음의 고요함……. 이런 것이 중요하다. 여타 시도 다분히 환상적이다.「환승역 사하라」의 공간은 모래폭풍이 부는 사하라사막이고「지천명 무렵」도 "낙타 그림자 길게 걸쳐 있는" 사구(砂丘)다. 지천명(知天命)은 나이 쉰을 가리키는데, 이 시절의 시인은 낮에는 돈을 버는 삶의 현장에 있었겠지만 밤에는 이국의 벌판을 헤매고 있었다.

걷다 보면 모래구릉 가운데 서 있었다

두고 온 것이 있는 것 같아 자꾸 돌아보는 저녁
나를 안쓰럽게 바라보는 긴 그림자

손가락으로 가리키는 곳에

우리가 닿고자 하는 하늘이 있었으나

아직 그곳에 다다르는 길을 찾지 못했다
—「지천명 무렵」 후반부

    나이 쉰이 되었을 때의 소감이다. "손가락 가리키는 곳에"는 "우리가 닿고자 하는 하늘"이 있었지만 화자는 "아직 그곳에 다다르는 길을 찾지 못했다"고 생각한다. '그곳'은 이상향이나 천상계라고 할 수 있을 것이다. 시인의 몸은 비록 이 세속에 머물러 있지만 나이 쉰이 넘도록 늘 이상향을 찾아 헤매고 있는 방랑자인 것이다. 아버지 심봉사의 눈을 뜨게 해드리겠다는 일념으로 인당수에 몸을 던진 청이를 주인공 삼아 시를 쓸 때에도 바다를 꿈의 공간, 곧 이상향으로 설정한다. 설화 속에서 그곳은 용궁이었는데 시에서는 꿈을 묻어둔 곳이다. 그리고 보면 청이에 빗대어 자신을 노래한 것이 아닌가 싶다. 탈출에의 욕구가 가득한.

    첫 시집의 제목이 '그리운 아무르강'인데 이번 시집에도 이 강 이름이 나온다. 아무르(강)는 러시아 발음이고, 중국어로는 흑룡강(黑龍江)이다.

달빛 환할 때면 짐꾼의 그림자 길어지네 구름에 가려
지면 낮은 언덕 문득 사라지고 낯선 별자리들 내려와 나
무 위에 집을 짓고 나무 위의 집들 깜박깜박 아침을 놓치
기도 하네 별자리를 올려다보며 걸어본 사람은 알지 발
자국 위로 내려앉는 별들의 흐느낌 늦도록 그 별을 따라
가 본 사람은 알지 한 번 짊어진 짐은 내려놓을 수 없다
는 걸 점점 무거워진다는 걸 내가 지고 있는 것이라야 고
작 머나먼 아무르강과 그곳으로 흘려보낸 당신의 이름과
깊을 대로 깊어진 그리움이 전부이지만

―「쓸쓸한 짐」 전문

노새에 짐을 싣고 가는 차마고도(茶馬古道)도 힘들 텐
데 직접 짐을 지고 가는 밤길은 여간 힘들지 않을 것이
다. 별을 나침반 삼아 조심스레 걸어가는데, 보통 힘든
게 아니다. "발자국 위로 내려앉는 별들의 흐느낌 늦도
록 그 별을 따라가 본 사람은 알지 한 번 짊어진 짐은
내려놓을 수 없다는 걸 점점 무거워진다는 걸"이라는 구
절에 이르니 독자인 내 입에서 단내가 나는 듯하다. 하
지만 추억에 잠겨서 "내가 지고 있는 것이라야 고작 머
나먼 아무르강과 그곳으로 흘려보낸 당신의 이름과 깊
을 대로 깊어진 그리움이 전부"라고 한다. 그 기억의 힘

으로 오늘 이 생업의 힘겨움을 견디고 있는 것이려니.

등불 심지를 돋우며 밤을 보냅니다

정신을 차려 보면
아직도 강변을 서성이고 있습니다
그대 찾아서 떠난 길은
생경한 거리에 나를 남겨 둡니다
낯선 곳에서 만난 사람들과
친구가 되는 경우도 있었지만
마음속에는 그리운 그대뿐입니다

―「아무르」 전반부

아무리 봐도 연애시인데, 만나지도 못한 상태로 시가 끝난다. 만나야 정도 쌓이고 미움도 희석된다. 이별이 애달파 눈물도 흘릴 수 있을 텐데, 만나지도 못한다. 결국 "그리워서 나는 무릎을 꺾고 잠이 든다"고 한다. 아쉽고 안타깝다. 「餘地」도 연애시로 읽었는데, 이 시에서는 이별 이후에 방황하는 방랑자의 모습이 보인다. 화자는 늘 헤매고 있고, 길은 정처 없고, 미래는 오리무중이다.

버려진 시간은 고독하였네

끝내 지워지지 않는 그대를 보내려 어라연(於羅淵) 천변을 걸었네

한번 흘러간 시간은 돌아오지 않는 것이라고 그리움도 때가 되면 이끼긴 바위처럼 진부해지는 것이라고 중얼거리며 걸었네

그대의 등은 따뜻하여 기대어 잠들기에 좋았네

사랑을 내려놓고 그대를 버려두고 나를 버려두고 세상으로 가는 저 길마저 버리고

별들이 창으로 들어와 고요히 녹아드는 소리를 듣겠네
―「餘地」 전문

그대의 등이 따뜻해 잠들었다면 계속해서 자야 하지 않는가. 그런데 된 것이 화자는 어떻게 된 게 "사랑을 내려놓고 그대를 버려두고 나를 버려두고 세상으로 가는 저 길마저 버리고" 만다. 사랑에 지친 것일까, 세상살이에 지친 것일까. 김정학 시인의 내면은 종내 귀가하지 않을, 영원한 방랑자일 것만 같다. "길 위에 있을 때보

다/ 길 밖에서 서성일 때가 많았다"고 하고, "집은 아직 멀다"(「귀가」)고 하니 이를 어떻게 할 것인가. 화자는 귀가하고 싶지 않은 것이다. 헤맬 만큼 헤맸으면 집으로 돌아와야 하지 않는가.

    손톱엔
    봉숭아 꽃물이 붉었다

    불빛 흘러나오는
    창밖에서 언 손을 녹이며 서 있을 때
    눈이 내렸다
    눈 속을 걸으며
    오늘 밤은 슬프지 않게 더 멀리 갈 수 있겠다는
    생각을 하였다

    어떨 때는 슬픔이 하루를 따뜻하게 데울 수도 있지만
    당신이 흔들리며 걸어가는 모습으로도
    나는
    따뜻해졌다

    별들은 다 어디로 간 것인지

〈

당신이 어딘가에 살아 있다면

그곳에도 아직

눈이 내리는지

― 「첫사랑」 후반부

첫사랑은 공식처럼 깨어지고, 아슴푸레한 추억으로 간직하는 경우가 많다. 첫사랑이 결혼으로 이어지는 경우도 없지는 않지만 그런 경우는 아주 드물다. 김정학 시인이 그린 첫사랑의 사연은 "당신이 어딘가에 살아 있다면"으로 귀결된다. 당연히 헤어졌고, 서로 생사 여부를 모른다. 이 시의 화자는 첫사랑에 대한 상념이 가슴에 가득하고, 그래서 눈 내리는 밤에 하염없이 걷는다. 대상에 대한 생각만으로도 가슴이 따뜻해져 오지만, 문제는 만날 수 없고 살아 있는지도 모른다는 것이다. 생에 대한 비극적 인식은 김정학 시의 가장 골자가 되는 주제다. 자, 이제 현실세계를 다룬 시를 한번 보자.

김 씨 아줌마는 심야식당 주방보조입니다

오후 아홉 시에 출근하여 다음날 아침 아홉 시에 퇴근
합니다 손님들은 주로 술 취한 사람들이고 주 메뉴는 해
장라면입니다 아줌마는 보조인데 혼자 근무합니다

라면 끓이고 설거지하고 잠든 취객들 깨워 보내고 청
소하고 다음날 낮 장사할 재료 준비도 다 합니다 사장님
은 친절하게도 근로계약서를 써 주셨는데 새벽 두시부터
네 시까지 휴게시간이라고 적혀 있습니다
―「일당」 전반부

시의 제1, 2연은 인물에 대한 설명이다. 이런 시는 김
정학 시인 풍이 아니어서 왠지 좀 낯설다. 천상에서 노
닐다 지상으로 내려온 어린 왕자 같다. 마흔네 번째 지
는 해를 보고 싶다고 의자를 끌어당기는.

그래서 그 두 시간은 돈을 받지 못합니다 열두 시간
일하고 열 시간치 일당만 받습니다
그런다고 두 시간을 쉬어본 적도 없습니다 가게에 달아
둔 카메라가 하품하는 것조차도 사장님께 고자질하니까요
김 씨 아줌마는 아침 열 시가 넘어서 출근하는 사장님을
기다렸다가 하루치 일당을 두 손으로 공손하게 받습니다

> 휘청휘청 귀가하는 아줌마의 등 뒤로 허기진
> 그림자가 꾸벅꾸벅 졸면서 따라가는 것을
> 오래도록 바라봅니다
>
> ―「일당」 후반부

 주방보조 김 씨 아줌마의 일과가 시의 후반부에도 이어진다. 마지막 연에 이르도록 새로운 시적 발견이나 독특한 상상력을 발휘하지 않고 있다. 그런데 이 작품 또한 시의 등에 쓸쓸함이라는 낙인을 찍는다. "휘청휘청 귀가하는 아줌마의 등 뒤로 허기진/ 그림자가 꾸벅꾸벅 졸면서 따라가는 것을/ 오래도록 바라본"다는 표현은 절묘하기가 화룡점정이다. 평범하게 시를 끌고 가다가 마지막에 깐총하게 매듭짓는 것도 김정학 시의 특징이다.

> 뼈를 깎는 고통이라고 함부로 말하던 때
>
> 나 혼자 소리 내어 울면
>
> 꾸역꾸역 쌓아둔 추억들이

관절 이쪽에

쾅쾅 못을 박는지 밤새

별들이 쏟아져 내려요
　―「과뇨산 또는 痛風을 이해하는 또 다른 방법」 끝부분

 몸이 아프면 마음의 아픔은 배가되는 법이다. 이런 시를 보면 화자가 마음도 울적하지만 몸까지 아파하니 안쓰러울 지경이다.「한식」에 살짝 그려진 화자의 가족사가 시인 자신의 가족사라면, 시에 드리운 그림자의 이유를 알 것도 같다. 연변을 떠도는 아우, 북쪽으로 끌려간 형님, 지독했던 가난……. 시집은 뒤로 갈수록 환상성에서 현실성으로, 영원성에서 현재성으로, 낭만주의에서 사실주의로 색깔을 바꿔간다.

팔순 노모의 엉덩이뼈가 부서졌다

과일나무는

가뭄이 들면 온몸의 진액을 열매에 보내고 홍수 때는

당분만을 뽑아서 열매에 보낸다고 한다

서각을 하는 이는 나무의 결을 더듬으며

지독한 가뭄을 집어내곤 하였다

〈
나무는 스스로를 지탱할 양분까지
열매에 보내고 허물어진 몸의 흔적을
내게 보여주었다
　　　　　　　　　　　—「골다공증」 전반부

항암치료를 받고 온통 머리털이 다 빠지고

약을 먹기 위해 토하며 밥을 먹어도

가발 쓰고 한증막을 다녀와도

울지 않았다

매일 산에 오르며
납작해진 가슴을 보면서도

울지 못했다
　　　　　　　　　　　—「遺傳」 전반부

누가 이렇게 연명하고 싶었던가. 투병하고 싶었던가.

이런 시는 우리네 삶이 얼마나 가혹한 견딤의 시간인지를 알 수 있게 한다. 설사 시인이 직접 겪은 일이 아니라고 할지라도 팔순 노모가 실족해 엉덩이뼈가 부서지기도 하고 항암치료 중에 머리털이 다 빠지고 토하는 바람에 밥을 제대로 못 먹기도 한다. 이런 비극적 상황은 우리 가족과 이웃의 삶에 수도 없이 내재해 있다. 당장 매일 보고되는 확진자의 수만 봐도 그렇지 않은가. 시의 공간도 아무르강 같은 먼 곳이 아니라 청령포와 어라연 계곡이 되기도 한다(「영월」). 비 오는 날, 혼자서 식당에 가 감자탕을 먹으며 소주를 마시다가(「혼자라는 것」) 이웃의 삶을 유심히 살펴보는 관찰자가 되기도 한다.

    아파트 경비실 밖
    모과나무 아래 등 굽은 노인이 졸고 있다
                            —「오수」 제1연

    노년의 부부가 어깨를 마주하고
    눈 덮인 호수를 내려다봅니다
                            —「휴식」 제2연

시집 앞부분에서 잔뜩 신장했던 독자라면 이런 시에 와서 잘 이해하고, 가족의 일원이 이런 일을 겪고 있다면 충분히 감동받을 수 있을 것이다. 이제 2편의 시를 집중적으로 보고자 한다.

    해마다 서너 마리로 여름을 나던
    옆집 할머니가 어느 날부터 강아지와 함께
    공원 나들이를 하십니다 강아지는 할머니를 힐끔힐끔
    뒤돌아보며 앞서갑니다 때론 어린 손주처럼 안고 가시기도 합니다
    큰아드님이 이제는 보신하기 영 글렀다고 툴툴거립니다
    할머니 시치미를 툭 떼시고 합장을 합니다

    할머니 발등을 베고 강아지가 졸고 있습니다
                          —「生佛」전문

우리 한민족은 예로부터 보신탕을 먹어온 민족이다. 외국에서는 우리를 야만인이라고 하지만 오랜 습속이다 보니 복날이 되면 수많은 개들이 수난을 당한다. 이 시에 나오는 할머니도 해마다 서너 마리를 고아먹으며 몸보신을 했나본데 강아지를 키우고부터 생각이 바뀌

었다. 흔히 식용으로는 황구를 사용하는데 이 강아지는 애완용인가? 큰아들은 엄마의 바뀐 태도에 툴툴거리고 강아지는 할머니의 반려견 노릇을 톡톡히 한다. 별 대수로울 것 없는 이웃의 일상사를 이와 같이 잔잔한 어조로 다루고 있는 것이다. 또한 노년의 삶을 종종 다루는데, 제일 마지막 시도 그렇다.

 덕이 순이 할매는 함께 사십니다
 지하방에 추억만 쌓아두고 삽니다 생계지원금은 할머니를 버린 가족 대신입니다 둘이 마주 보면 할 말도 없습니다 명절 때는 서로 시선을 피하기도 합니다 가진 것은 그리움과 원망입니다

 할머니는 무료급식소에서 국수 드시려 오십니다 처음엔 쑥스러워 국수그릇에 담긴 젓가락만 만지작거렸지요, 어디부터 어긋난 것일까 식탁 위 가족사진이 걸려 있던 창가 가슴을 부풀리던 젊은 시간 아이들 웃음소리가 차곡차곡 쌓이던 꽃길이 노을도 지기 전 시나브로 어두워지고 서로의 그릇에 국수 가락을 덜어줍니다

 할머니들의 귀갓길이 늘어집니다 가로수 그늘에 앉아

까뭇까뭇 졸음이 몰려옵니다 자글자글 볶은 머릿결 사이
로 세월이 스쳐 갑니다 살아온 흔적입니다 요즘은 부쩍
딴 세상이 그립기도 합니다 지팡이를 움켜쥔 손이 흰 여
백 속으로 사라지는 것을 본 것은 잠깐 사이였습니다

—「동행」 전문

두 할머니의 평이한 일상사다. 자식들한테서 버림받은 두 할머니가 의지하며 살아가는 이야기로서 특별한 시적 표현은 없다. 다만 한 가지 중요한 것은 이 시에서도 기본적인 정조는 생의 비애라는 것이다. 고독감과 고즈넉함이 느껴진다.

지금까지 김정학 시인의 시를 주마간산 격으로 읽었다. 김 시인의 시는 이 글의 앞머리에서 제시한 시의 유형 어디에도 들어가지 않는다. 크게 난해시, 순수서정시, 대중시로 대별할 수 있는데 순수서정시에 가깝기는 하지만 그 부류는 결코 아니다. 전반적으로 시세계가 조용하고 우울하다. 애잔하고 쓸쓸하다. 옛 중국인들은 인생살이를 生老病死로 표현하였다. 인간의 감정은 喜怒哀樂愛惡慾 일곱 가지가 대표적인 것으로 보았다. 김정학의 시세계는 생기발랄보다는 은인자중에 가깝다. 喜怒哀樂愛惡慾 중에서는 '哀'에 집중해 있다. 哀란 불

교적인 관점에서 보면 측은지심이다. 세상의 뭇 생명체를 바라보는 시선의 따뜻함과 심정적 안타까움이 그의 시를 살리고 있다. 제3시집 출간을 계기로 삼아 더욱더 활발하게 활동을 전개했으면 좋겠다. 생활이 그대를 속일지라도.

  지금 우리 시대는 만남이 자유롭지 못하다. 하지만 시를 통한 만남은 더욱 활발해진 느낌이 든다. 조용한 방에서 김정학의 시집을 펼쳐들면 멀고먼 사막에도 갈 수 있다. 아무르강에도 갈 수 있다. 영월 청령포에도 갈 수 있다. "한 푸른 청년이 컵라면 하나 남기고 떠난" 구의역에 가볼 수도 있다. 인생살이의 비애에 대해, 살아있음의 쓸쓸함에 대해 눈물짓는 시인과 함께.